Miguel Bautista

636 10 86

Desenmascarando al espíritu del Anticristo

Desenmascarando al espíritu del Anticristo

CASA CREACIÓN

Rinaldo Texidor, Jr.

Desenmascarando al espíritu del Anticristo
Por Rinaldo Texidor, Jr.

Impreso en los Estados Unidos de América
ISBN 0-88419-604-6

Casa Creación
Strang Communications
600 Rinehart Road
Lake Mary, Fl 32746
Tel (407) 333-7117 - Fax (407) 333-7147
Internet http://www.strang.com

DEDICATORIA

A todos los que me están ayudando
a consumar el propósito de Dios
para el pueblo latino:

- El Centro Profético Voz en el Desierto, en Oripoto, Caracas.

- El Centro Nueva Generación, en Caracas.

- El Centro Voz en el Desierto, en Cabima.

- El Centro Voz en el Desierto, en Dorado, Puerto Rico.

...Y a todos los ministerios afiliados
a la red en Texas, México
Venezuela y Brasil.

AGRADECIMIENTOS

Este libro no hubiese sido posible sin el apoyo especial del equipo ministerial que me rodea.

A mi amada esposa Elizabeth Texidor, por su fe y perseverancia en el Reino.

A Ítalo Corsini Neto, por su ayuda indispensable y fiel esfuerzo de pastor, quien laboró largas horas en este libro.

Al pueblo de Elijah Centre, en la Isla trinidad, y muy en particular al Dr. Noel Woodroffe.

Y a mi tío Gilberto Santiago, quien fielmente me inspira con su fe y aliento.

ÍNDICE

Introducción

EL PROPÓSITO DE ESTE ESTUDIO es revelar las verdades y destruir ciertas falsas mentalidades que se oponen al Reino de Dios, y no debatir o establecer doctrinas.

A medida que trabajo para establecer el gobierno y el propósito de Dios en el corazón de los hombres, con frecuencia me enfrento a estructuras pensantes influenciadas de forma directa por un espíritu de mentalidad religiosa. ¿Qué es una mentalidad religiosa? Es la que se aferra a metodologías, rituales, doctrinas, tradiciones y costumbres que han venido a ser parte de su concepto acerca de la Iglesia y de su proceder, y que a su vez sostiene una integridad y compromiso por encima de la revelación de la voluntad de Dios a través de su Palabra. Es una forma eclesiástica que niega el poder de la Iglesia. Me refiero a personas que carecen de entendimiento y aplicación espiritual de la Palabra, y que por causa de esto solo repiten textos que carecen de vida y no producen el propósito de Dios.

Estas mentes, influenciadas por este espíritu, pervierten y atrasan el propósito de la Iglesia, ya que producen una imagen o testimonio que carecen de impacto en la sociedad. Esta imagen se opone a la verdadera intención de Dios al tomar el lugar que corresponde a la manifestación de una Iglesia gloriosa. Es como si hubiera más fe hacia la apostasía (enfriamiento y decadencia de la Iglesia) y el reino del Anticristo que para el establecimiento del propósito de Dios.

Encuentro que el pueblo de Dios prefiere creer que el mundo va a estallar, en lugar de creer en las posibilidades de mejorar el futuro de sus propios hijos.

Sin embargo, fue en medio de ese caos, de ese desorden, donde Dios escogió crearnos con el propósito de subyugar y señorear el Planeta. Desde el principio nuestra misión fue proteger la maqueta de Dios de una falsa imagen, y recrear el desorden y el caos por medio de nuestro estandarte redentor. En las próximas páginas estudiaremos un tema de gran sobriedad, el cual requiere de un corazón contrito delante de la Palabra de Dios. Es mi oración que Dios le dé entendimiento para que la verdad lo libere.

La mente del hombre solo puede producir lo que el hombre piensa. Y según el hombre piensa, tal es él. Creo que la falta de aplicación de principios que podría manifestar una iglesia gloriosa se ha debido en gran parte a la enseñanza de cizaña (error) en el cuerpo de Cristo. Mateo 13.37-43 nos enseña que es necesario eliminar la cizaña del campo para que los justos puedan resplandecer.

> *«El que siembra la buena semilla es el Hijo del Hombre. El campo es el mundo; la buena semilla son los hijos del reino, y la cizaña son los hijos del malo. El enemigo que la sembró es el diablo; la siega es el fin del siglo; y los segadores son los ángeles. De manera que como se arranca la cizaña, y se quema en el fuego, así será en el fin de este siglo. Enviará el Hijo del Hombre a sus ángeles, y recogerán de su reino a todos los*

que sirven de tropiezo, y a los que hacen iniquidad, y los echarán en el horno de fuego; allí será el lloro y el crujir de dientes. Entonces los justos resplandecerán como el sol en el reino de su Padre. El que tiene oídos para oír, oiga.»

El que hace la buena siembra es Cristo. La hace en el mundo, aquí identificado como el campo. Lo que siembra es una simiente que se reproduce según su especie. Los hijos del Reino de Dios son aquellos en los cuales Él reina y gobierna. Note claramente que la cizaña no es otra cosa que los hijos del malo; y el malo es el diablo. Sabemos que Satanás no se puede reproducir, (porque un espíritu no se puede reproducir) así que *hijos* en este texto más bien se refiere a sus frutos, o a todos aquellos influenciados por su espíritu. La siega es el fin de esta era y los ángeles de Cristo (no los de Dios), recogerán de su campo a la cizaña. *Ángeles,* en este texto, es la palabra *angelos,* y significa «uno que trae buenas nuevas», un mensajero, es decir ministros. En otras palabras, los mensajeros de Dios meterán su hoz (Hebreos 4.12, la espada de dos filos que divide, separa y discierne las motivaciones e intenciones en los corazones de los hombres), y separarán la cizaña del trigo en el campo de Dios. Esta cizaña es identificada en el verso 41 como las personas que sirven de tropiezo, y que hacen iniquidad.

La cizaña (*zizanion* en el original) es un grano muy parecido al del trigo usado para la alimentación. Este grano era conocido por los judíos como un grano bastardo, un falso grano o darnel. Una semilla degenerada, y es por ello que había que cernir el grano para que no se colara ni un granito de cizaña en su siega. Este proceso se hacía filtrándolo por una malla y escrudriñando bien la siega en busca de este grano falso. Era un grano venenoso, mortal. Producía sueño (apatía, pereza o indiferencia), mareo (falta de discernimiento o visión), pérdida de facultades mentales (confusión e ignorancia) y finalmente la muerte (falta de efectividad, vida o significado en el plan de Dios). Traducido a nuestro mundo presente, este grano no es otra cosa que las enseñanzas que producen apatía, poca visión y falta de propósito, y que deben ser removidas de nuestro medio si es que la Iglesia resplandecerá como luz a la naciones.

¿Por qué el verso 41 es comparado con personas? La palabra *tropiezo* en el original es *proskoma*, y significa «una ocasión para caer». Observa lo siguiente: *pros*, una de sus raíces, en griego significa cercanía, respeto, relacionado de cerca o perteneciente a su destino. La segunda raíz es la palabra *kopto*, que significa lamentación, caída fuerte, cortarle con fuerza o dolor. Puestas juntas nos dan la ilustración de una persona tan cercana a nosotros que jamás podríamos pensar que nos serviría de tropiezo y como consecuencia produce un fuerte dolor o lamentación. Es imposible ser engañado a no ser por la vía religiosa.

La próxima palabra que requiere un vistazo es *iniquidad*. En griego es la palabra *skandalon*, y hace referencia a uno que resiste al gobierno, que se rebela o es desobediente a lo divino. Esta palabra da nacimiento a una verdad que requiere de un buen estudio, ya que nos indica que dentro del campo de Dios existen probabilidades de engaño que bien podrían ser de gran lamentación, las que a su vez operan en contra del propósito de Dios.

Caminemos juntos a través de la Biblia y que Dios nos guíe a toda verdad.

Capítulo 1

El hombre de pecado

¿QUIÉN ES EL HOMBRE DE PECADO? ¿Dónde y cómo opera? ¿Será alguien que se levantará por el poder satánico en el futuro, o ya está operando? Con frecuencia se lo refiere como el Anticristo. Su fin se ha predicho y es la destrucción total. La Biblia no dice que reinará sino que será destruido; quién reinará por todos los siglos es Cristo, nuestro Rey. También se le ha llamado «el hijo de perdición» (o de destrucción). Su destrucción vendrá al tiempo de ser revelado, por lo que hará todo lo que esté en su poder para esconder su verdadera identidad, puesto que su descubrimiento es su destrucción. Ahora él solamente está escondido para el hombre, pero no para Dios ni para Cristo. Permanece sin ser detectado por cualquier hombre que no tiene el espíritu de Cristo reinando en su vida. El Anticristo es parte de un sistema o gobierno que se opone a Dios. Una expresión en el poder de las tinieblas.

¡Escuche! *La Escritura no dice que él nace sino solamente que es revelado*. Es el misterio de la iniquidad que va opera. Ver al Anticristo como un individuo es exactamente lo que él espera que creamos de él. Es inútil tratar de identificarlo como un individuo específico en un tiempo determinado. Esto es entregarse a debates doctrinales que no adelantan en nada el propósito de Dios en la tierra, y que a su vez carecen de vital provecho a la vida cotidiana del creyente. Precisamente, es el énfasis futurístico (los estudios del futuro), y las teorías escatológicas (estudios de los tiempos finales), lo que han producido una mentalidad en el creyente que carece de soluciones prácticas para solucionar el dilema presente en nuestra sociedad. Esta es la forma en que el espíritu del Anticristo opera en nuestras mentes. Mientras nos subdividimos por ser idólatras de nuestras propias persuasiones doctrinales, él se encarga de destruir nuestra sociedad. Nos entretiene con el drama producido por la incógnita del futuro. Mientras tanto, nos roba la efectividad que debiéramos tener como iglesia de Dios en la sociedad. También produce una imagen negativa ante las naciones, ya que nos ven como gente fanática y mística, que da excusas por la condición presente con promesas para un futuro lejano después de la muerte.

El Anticristo es un ser espiritual y se expresa a través del hombre. Para poder ver mejor al hombre de pecado, primeramente tenemos que ver al hombre de Dios. La habilidad para identificar a Satanás y conocer sus caminos no fue develada sino hasta que nuestro Señor Jesús vino y lo reveló (Juan 1.18). Por lo tanto, el señorío de Jesucristo debe ser establecido en nuestras vidas para poder discernir la operación del Anticristo. Hasta que el gobierno de Dios no sea verdadero sobre nuestra vidas y nuestra sumisión ante su palabra sea inmediata, careceremos de discernimiento para detectar las operaciones de este espíritu.

El hombre es gobernado, ya sea por el Espíritu de Dios, o por el espíritu de poder que opera en los hijos de desobediencia.

> *«...en los cuales anduvisteis en otro tiempo, siguiendo la corriente de este mundo, conforme al príncipe de la potestad del aire, el espíritu que ahora opera en los hijos de desobediencia.»*
>
> —EFESIOS 2.2

Ningún hombre puede gobernarse a sí mismo, ya que Dios y Satanás son mayores en poder y sabiduría que el hombre, y uno o el otro gobernará su vida. El engaño de Satanás es encubrirse a sí mismo y hacerle creer al hombre que es este quien ordena su propia vida. San Juan 8.41-44 dice:

> *«Vosotros hacéis las obras de vuestro padre. Entonces le dijeron: Nosotros no somos nacidos de fornicación; un padre tenemos, que es Dios. Jesús entonces les dijo: Si vuestro padre fuese Dios, ciertamente me amaríais; porque yo de Dios he salido, y he venido; pues no he venido de mí mismo, sino que él me envió. ¿Por qué no entendéis mi lenguaje? Porque no podéis escuchar mi palabra. Vosotros sois de vuestro padre en diablo, y los deseos de vuestro padre queréis hacer. El ha sido homicida desde el principio. y no ha permanecido en la verdad, porque no hay verdad en él. Cuando habla mentira, de suyo habla; porque es mentiroso, y padre de mentira.»*

Jesús informó a los judíos (el sistema religioso de su tiempo), y ellos se le opusieron, porque eran de su padre el diablo. Habían confesado que Dios era su padre, pero ignoraban completamente el espíritu que operaba en ellos. Note claramente que, refiriéndose a la iglesia de su tiempo y en este caso a los principales maestros de la ley, les dice que son fruto de otro espíritu que no es el de Cristo. Les dijo que sus operaciones, actitudes y enseñanzas eran producto de otra fuente y que, por lo tanto, él los identificaba como hijos (fruto, producto, resultado o influencia de, enseñanza o engaño) de Satanás.

OBEDIENCIA O REBELIÓN

En el Reino de Dios no hay áreas grises. Usted es obediente a los principios de Dios o automáticamente está en rebeldía. La única otra opción es ser obediente a los principios que operan en contra de Cristo. En otras palabras, el Anticristo. Observe la siguiente Escritura:

> *«El que no es conmigo, contra mí es; y el que conmigo no recoge, desparrama.»*
>
> —*MATEO 12.30*

Muchos piensan que si no obedecen, sencillamente están desobedeciendo, y que luego con pedir perdón todo se restaurará. Bueno, sí y no. Sí, porque el arrepentirse ante Dios siempre desata su misericordia para con nosotros. ¡Gloria a Dios por ello! Pero el asunto es un poco más profundo que esto. Usted es perdonado, pero la obra de Dios queda entorpecida por su comportamiento. Si no está de acuerdo con Dios, automáticamente trabaja en su contra («el que no es conmigo, *contra* mí es»). ¡Wow! Si conmigo no recoges (no une), entonces *desparramas* (separa). Escuche, la iglesia no puede ser detenida desde el exterior. El sistema del mundo no nos puede detener. Las fortalezas y filosofías que predominan en los sistemas del mundo tampoco pueden detener el avance de la iglesia de Dios. Lo único que nos detiene somos nosotros mismos.

> *«Y yo también te digo, que tú eres tu Pedro [Petros], y sobre esta roca [Petra] edificaré mi iglesia; y las puertas del Hades no prevalecerán contra ella.»*
>
> —*Mateo 16.18*

Ahora bien, para conocer mejor lo falso, necesitamos conocer lo verdadero. Un buen ejemplo es el dinero. Sin el conocimiento del dinero real, ¿cómo podríamos detectar el falso? Es por eso que Pablo ora a Dios pidiendo que revele a la iglesia sabiduría y conocimiento de Él.

> *«...para que el Dios de nuestro Señor Jesucristo, el Padre de gloria, os dé espíritu de sabiduría y de revelación en el conocimiento de él...»*
>
> —*Efesios 1.17*

LA UNCIÓN CRISTO

El hombre de pecado es el Anticristo. Juan lo llama así en su carta. El nombre mismo manifiesta que se opone a Cristo (el Ungido); está en directa oposición a la unción de Dios. Esta operación incluye el desplazar y reemplazar todo lo que es ungido de Dios.

La palabra *anti* encierra la idea de «en vez de» o «tomar el lugar de alguien o algo». De manera que opera en contra de la unción que Cristo ha recibido del Padre.

Hablemos un momento de esta unción. Cuando Jesús anduvo en su ministerio terrenal, preguntó una vez: «¿Quién dicen los hombres que es el Hijo del

Hombre?» (Mateo 16.13). Pedro lo identifica como «el Cristo» (El Ungido de Dios). Llegó a esa conclusión por medio de revelación, no por información terrenal. Aquí vemos un principio: la única forma de discernir la unción de Dios es por revelación. Cristo contesta que sobre ese principio el edificará su Iglesia. En otras palabras, todo lo que Él hará para edificar la iglesia tiene que ser hecho por medio de la unción. El Anticristo se opone a este tipo de edificación. Ahora bien, en Efesios 4.11-16 leemos que Cristo, cuando anduvo en la tierra, delegó esta unción que reposaba sobre Él sobre ciertos hombres escogidos. Leamos:

> *«Por lo cual dice: Subiendo a lo alto, llevó cautiva la cautividad, y dio dones a los hombres... Y El mismo constituyó a unos, apóstoles; a otros, profetas; a otros, evangelistas; a otros, pastores y maestros, a fin de perfeccionar a los santos para la obra del ministerio, para la edificación del cuerpo de Cristo.»*
>
> —*Efesios 4.8,11,12*

Él divide su unción en cinco componentes o ministerios, y la envía a la esfera terrestre en busca de otros hombres, escogiendo algunos apóstoles, profetas, evangelistas, pastores y maestros. De manera que la unción de Cristo, la cual edificaría la iglesia, ahora reposa sobre cinco ministerios gubernamentales. Estos hombres dotados de esta capacidad de edificación son dados al cuerpo global de Cristo. Aunque sean fieles en la participación de una iglesia local, su llamado es al cuerpo global. El mismo consiste en trasladar la dimensión de la unción que reposa sobre ellos al cuerpo de Cristo, para que de esta manera ese cuerpo una vez más tenga aquella unción que tenía cuando Él caminó sobre la tierra en su cuerpo singular. Esto es, precisamente, lo que Satanás desea evitar: que usted y yo caminemos en la tierra en la misma dimensión o capacidad que Cristo. ¡Preste atención! *Anticristo* significa «estar en contra de», o «en lugar de» la «Unción Cristo». De modo que uno de sus métodos de operación será implementar un sistema en la Iglesia que tome el lugar de, o se oponga a los verdaderos llamados de Dios, que son los únicos que cargan la gracia que edifica y establece la Iglesia.

Observe cómo se traslada esta unción. Pablo nos dice en 1 Corintios 3.9,10 que él es perito arquitecto, conforme a la gracia de Dios que le fue dada. Y otra vez, en Efesios 3.1,2 leemos que la gracia le fue dada por Dios para un grupo de personas específicas, en este caso los gentiles. La idea de Cristo era que a través de las palabras, con distintas unciones, la Iglesia fuera edificando una mentalidad que reflejara la misma determinación ministerial que Él tuvo cuando anduvo en la tierra.

Cuando la iglesia sea expuesta a las cinco unciones verdaderas de Cristo, entonces llegaremos a la estatura del Varón Perfecto.

Con esto en mente podemos ver con claridad cómo el Anticristo buscará tomar el lugar de Jesucristo. Él será una falsa revelación de Dios; traerá una imagen falsa, será un falso profeta, una falsa voz, y esta gran imagen, aunque falsa, será adorada por aquellos que son engañados por su espíritu.

El espíritu del Anticristo se manifiesta por medio de un falso profeta o un falso mensaje. Este espíritu trasciende las barreras entre la Iglesia y el mundo. Opera tanto en el mundo como en el circulo identificado por la religión. El mundo es el ámbito donde las filosofías, mentalidades e ideologías son establecidas, y juntas gobiernan las mentes, los estilos de vida de las gentes, las ciudades, los países, las naciones y las iglesias. El sistema del mundo es el resultado de muchas mentalidades diferentes, las que influyen a través de muchas generaciones, formando costumbres, tradiciones y culturas enteras, así como sistemas de operación. Sin el gobierno de Cristo en nuestras vidas, automáticamente somos sometidos a este sistema el cual es influenciado por los gobernadores de los aires. Es por esta razón que Pablo nos aconseja en Romanos 1.1-3 que no seamos conformados por este siglo presente, y que experimentemos una metamorfosis mental para poder discernir cuál es la perfecta voluntad de Dios. En otras palabras, dice que existen dimensiones de la voluntad de Dios que jamás descubriremos si antes no cambiamos nuestra estructura pensante.

> *«Por lo demás, hermanos míos, fortaleceos en el Señor, y en el poder de su fuerza. Vestíos de toda la armadura de Dios, para que podáis estar firmes contra las asechanzas del diablo. Porque no tenemos lucha contra sangre y carne, sino contra principados, contra potestades, contra los gobernadores de las tinieblas de este siglo, contra huestes espirituales de maldad en las regiones celestes.»*
>
> *—EFESIOS 6.10-12*

Esta es una expresión directa de Satanás; él manifiesta su espíritu en el Anticristo (su sistema y mentalidad), tal como Dios se expresa en Cristo, su gobierno y su mentalidad. Preste atención, el espíritu de Satanás es el que dio poder al Anticristo y es manifestado en el falso profeta o su voz profética. Dios da su poder a Cristo, su Hijo, y es manifestado en su Espíritu (su voz profética). Ahora bien, el resultado de ambas influencias espirituales es el gobierno en el hombre. Este controla la tierra y manifiesta el espíritu que gobierna su vida. Así como la autoridad de Dios, obrando a través de Cristo por el Espíritu Santo, produce verdad, la autoridad de Satanás operando a través del Anticristo y su falso profeta produce error. El error trae destrucción, mas la verdad trae vida.

Capítulo 2

Una deidad falsa

APOCALIPSIS 16.13 NOS DICE:

«Y vi salir de la boca del dragón, y de la boca de la bestia, y de la boca del falso profeta, tres espíritus inmundos a manera de ranas.»

Esta es la cabeza o la deidad del dios falso. El dragón como el padre, la bestia como el hijo (el hombre de pecado) y el falso profeta como el espíritu (su voz profética). Esta obra es de falsas maravillas, y él busca ser dios para que el hombre lo adore. Ahora entenderá el lector que la Escritura es una parábola y usa un lenguaje figurativo para describir las obras de este sistema que busca gobernar al hombre. Varios de los poderes demostrados por gobernadores o reyes surgen del poder de Satanás. Del mar (frecuentemente interpretado en las Escrituras como la humanidad) se levantan bestias con cabezas y cuernos. La bestia de Apocalipsis 13.1 es un sistema de poder del dragón que produce reyes.

BABILONIA Y LA NUEVA JERUSALÉN

«Me paré sobre la arena del mar, y vi subir del mar una bestia que tenía siete cabezas y diez cuernos; y en sus cuernos diez diademas; y sobre

sus cabezas, un nombre blasfemo.»

—APOCALIPSIS 13.1

Los cuernos del capítulo 13 son identificados como reyes, y todos ellos luchan contra el Cordero (o el carácter de Cristo). En Apocalipsis 17.9-14 leemos:

«Esto, para la mente que tenga sabiduría: Las siete cabezas son siete montes, sobre los cuales se sienta la mujer, y son siete reyes. Cinco de ellos han caído; uno es, y el otro aún no ha venido; y cuando venga, es necesario que dure breve tiempo. La bestia que era, y no es, es también el octavo; y es de entre los siete, y va a la perdición. Y los diez cuernos que has visto, son diez reyes, que aún no han recibido reino; pero por una hora recibirán autoridad como reyes juntamente con la bestia. Estos tienen un mismo propósito, y entregarán su poder y su autoridad a la bestia. Pelearán contra el Cordero, y el Cordero los vencerá, porque él es Señor de señores y Rey de reyes; y los que están con él son llamados y elegidos y fieles.»

Solo queremos identificar a los cuernos y su procedencia, ya que esto no es un estudio de los tiempos finales. Hasta ahora hemos identificado un falso sistema opuesto a Dios compuesto de un dios falso (el dragón), una bestia (un cuerpo que representa al hijo, u hombre corporal de pecado), y un falso profeta (el mensaje del dragón a través de la bestia o un falso espíritu). La palabra *cuerno* en griego es la palabra *keras* (ker-as), que traducido hace referencia a un poder o alguien poderoso. Ellos respaldan a la madre de las rameras, que representa la gran ciudad, «la Babilonia espiritual». Este sistema de poder y esta ciudad constituyen el gobierno de

Satanás y su dominio, así como la «La Nueva Jerusalén» es el centro del reino espiritual de Dios, como se describe en Apocalipsis:

> *«Vino entonces uno de los siete ángeles que tenían las siete copas, y habló conmigo diciéndome: Ven acá, y te mostraré la sentencia contra la gran ramera, la que está sentada sobre muchas aguas; con la cual han fornicado los reyes de la tierra, y los moradores de la tierra se han embriagado con el vino de su fornicación. Y me llevó en el espíritu al desierto; y vi a una mujer sentada sobre una bestia escarlata llena de nombres de blasfemia, que tenía siete cabezas y diez cuernos. Y la mujer estaba vestida de púrpura y escarlata, y adornada de oro, de piedras preciosas y de perlas, y tenía en la mano un cáliz de oro lleno de abominaciones y de la inmundicia de su fornicación; y en su frente un nombre escrito, un misterio: BABILONIA LA GRANDE, LA MADRE DE LAS RAMERAS Y DE LAS ABOMINACIONES DE LA TIERRA. Vi a la mujer ebria de la sangre de los santos, y de la sangre de los mártires de Jesús; y cuando la vi, quedé asombrado con gran asombro.»*
>
> —*Apocalipsis* 17.1-6

> *«Y la mujer que has visto es la gran ciudad que reina sobre los reyes de la tierra.»*
>
> —*Apocalipsis* 17.18

> *«Y clamó con voz potente, diciendo: Ha caído, ha caído la gran Babilonia, y se ha hecho habitación de demonios y guarida de todo espíritu inmundo, y albergue de toda ave inmunda y aborrecible.»*
>
> —*Apocalipsis* 18.2

Como puede ver claramente, la mujer no es otra cosa que una falsa iglesia, o sistema representado por cuernos o poderes al servicio del dragón o Satanás. Dice que es una ramera, en otras palabras que prostituye el propósito de Dios, o más bien que no es fiel a Dios. Note que en el versículo 5 Babilonia es descrita como un misterio. Esto es muy importante porque, como ya hemos dicho, su efectividad depende de su encubrimiento. Aquí en estos versos es identificada como una ciudad llamada Babilonia. La ciudad es el reino (perímetro de influencia) que tiene el dragón (Satanás), y ejerce su plan a través de los cuernos o poderes por medio de un falso mensaje (el falso profeta). Ahora veamos el lado opuesto.

Examinemos la historia profética y algunos de sus patrones. Israel fue la nación que Dios levantó para traer su gobierno a la humanidad en la tierra. Ellos estaban muy divididos acerca de la venida del Mesías. Había muchas ideas en conflicto, incluyendo la de su aparición. Al venir el Mesías no percibieron su visitación. De muchas formas, hoy es igual que entonces. Muchos que están divididos a causa de su entendimiento e interpretaciones acerca de los tiempos finales también corren el mismo riesgo de perderse la visitación de Dios en nuestros días. Entiendo que esto es causado por el engaño, pero nuestra ignorancia no cancela la verdad.

Jesús fue proclamado como descendiente del linaje de David (Rey).

> *«Acuérdate, oh Jehová, de David, y de toda su aflicción.»*
>
> —SALMO 132.1

En este mismo Salmo, en el verso 17, lo llama «el cuerno de David» (Jesús):

> *«Allí haré retoñar el poder de David.»*

La expresión «el poder» proviene de la palabra en hebreo *qeren* (keh-ren), que traducido es *cuerno* o *poder*. Aquí vemos esa palabra otra vez. El gobierno de Dios es una verdad representada por un solo cuerno, al que se le opone una pluralidad de error, representada por varios cuernos. Un cuerno de Dios: «el hombre Cristo, Jesús», y muchos cuernos producidos por el sistema del Anticristo. Hay varios cuernos que, inclusive, se oponen entre sí, cumpliendo las palabras: «Un reino dividido entre sí mismo no prevalecerá.» El que tiene oído para oír, oiga lo que el Espíritu está diciendo. El sacerdote Zacarías profetizó acerca de Él en Lucas 1.69:

> *«Y nos levantó un poderoso Salvador en la casa de David su siervo.»*

ANATOMÍA DE UN ANTICRISTO

Jesús tenía una habilidad muy marcada para ver en el ámbito espiritual. Tiempo antes de que Judas lo traicionara, Él ya sabía sobre eso y habló de su naturaleza:

> *«Jesús les respondió: ¿No os he escogido yo a vosotros los doce, y uno de vosotros es diablo? Hablaba de Judas Iscariote, hijo de Simón; porque éste era el que le iba a entregar, y era uno de los doce.»*
>
> —*Juan 6.70,71*

Ahora, preste atención. Más tarde, en su oración, hablando de la misma persona (Judas), Él confiesa que guardaría a todos de perderse, excepto al hijo de perdición. Aquí está ahora el versículo donde Judas es referido como el hijo de perdición (destrucción). ¿Sería el Anticristo o simplemente uno de sus cuernos o representantes? La persona que con sus acciones, principios o mensaje expresa la voluntad del dragón (Satanás) esta operando bajo la influencia del espíritu del Anticristo, y como consecuencia forma parte de la gran ciudad espiritual llamada Babilonia, por lo cual termina siendo un fruto para perdición.

> *«Cuando estaba con ellos en el mundo, yo los guardaba en tu nombre; a los que me diste, yo los guardé, y ninguno de ellos se perdió, sino el hijo de perdición, para que la escritura se cumpliese.»*
>
> —*JUAN* 17.12

Y comparemos eso con 2 Tesalonicenses 2.3, donde dice lo siguiente:

> *«Nadie os engañe en ninguna manera; porque no vendrá sin que antes venga la apostasía, y se manifieste el hombre de pecado. el hijo de perdición...»*

«El hombre de pecado» es también llamado «el hijo de perdición». ¿Qué quiere decir esto? Simplemente, que Judas no era el Anticristo como manifestación única, sino que así como algunos de nosotros somos los hijos de Dios, también los hijos de perdición lo son de Satanás.

Somos adoptados por Dios y sus principios nos

comienzan a discipular hasta que llegamos a ser sus frutos, es decir, sus hijos. De otra manera, somos adoptados por Satanás (por nuestra propia voluntad) y su sistema nos comienza a influenciar, llegando a ser frutos suyos, es decir, sus hijos. Note el próximo versículo:

> *«En esto se manifiestan los hijos de Dios, y los hijos del diablo: todo aquel que no hace justicia, y que no ama a su hermano, no es de Dios.»*
>
> —1 Juan 3.10

El diablo no puede procrear, por lo que ser «hijos del diablo» se refiere a ser producto de sus principios.

En el versículo doce nos dice que Caín «era del maligno», o dicho en otras palabras, hijo del diablo o hijo de destrucción. Judas representaba el trabajo de Satanás en muchas de las cosas que vivía en su propia vida.

Observe:

- Siguió a Jesús como uno de sus discípulos.
- En Juan 12.6 vemos que su naturaleza es revelada al mentir.
- No velaba por los pobres.
- Era un ladrón.
- Dejó que el diablo hablara a su corazón para consumar la traición (Juan 13.2).
- Sintió remordimiento sobre su traición, pero no tuvo la fe para el arrepentimiento.

Finalmente destruyó su propia vida como hijo de destrucción. El gobierno satánico en su vida logró con éxito que Judas fuera un hijo de perdición.

Todas estas son características de la anatomía de

un anticristo religioso (o una mentalidad). Gracias a Dios, en el señorío de Cristo nosotros encontramos victoria sobre el hombre de pecado.

Capítulo 3

La revelación de su cubierta

COMO YA HEMOS MENCIONADO, la manifestación de Satanás (el Anticristo) en el hombre tiene su fin en la Segunda Venida de Cristo. El resplandor (la luz) de su llegada lo destruirá. El revelarlo lo destruye, automáticamente. Mientras se mantiene oculto, sigue operando en la vida de los hombres. Pero cuando el señorío de Cristo es establecido en nuestras vidas produce luz y trae la formación de Cristo en nosotros (Gálatas 4.19):

> *«Hijitos míos, por quienes vuelvo a sufrir dolores de parto, hasta que Cristo sea formado en vosotros...»*

Satanás sólo habita en tinieblas y reina en la ignorancia. Por lo tanto el conocimiento de Cristo y de su reino sobre nuestras vidas nos revela las artimañas y maquinaciones de Satanás y, como consecuencia, las destruye.

En Juan 12.31 leemos:

> *«Ahora es el juicio de este mundo; ahora el príncipe de este mundo será echado fuera.»*

Jesús, en su camino a la cruz, sabía que el acto de su muerte condenaría a los principados responsables por ello. La batalla se llevó a cabo en un ámbito más allá de la influencia judía o romana:

> *«Por lo demás, hermanos míos, fortaleceos en el Señor, y en el poder de su fuerza. Vestíos de toda la armadura de Dios, para que podáis estar firmes contra las asechanzas del diablo. Porque no tenemos lucha contra sangre y carne, sino contra principados, contra potestades, contra los gobernadores de las tinieblas de este siglo, contra huestes espirituales de maldad en las regiones celestes.»*
>
> —EFESIOS 6.10-12

Hablando de la sabiduría de Dios, 1 Corintios 2.8 dice:

> *«La que ninguno de los príncipes de este siglo conoció; porque si la hubieran conocido, nunca habrían crucificado al Señor de gloria.»*

Aquí la palabra «príncipe» es la misma que *principados* y *potestades* de este mundo. Si ellos (los principados) hubieran sabido que el acto de crucifixión sería su destrucción, no hubieran crucificado a Jesús.

Observe otro ejemplo en Juan 14.30:

> *«No hablaré ya mucho con vosotros; porque viene el príncipe de este mundo, y él nada tiene en mí.»*

El señorío de Dios en Cristo es puro y está eternamente separado de la contaminación de los principios del reino de Satanás. Es por esto que la operación de Satanás depende de estar encubierta. Su naturaleza, sus principios y su *modus operandi* deben mantenerse sin ser detectados para lograr que su reino avance de manera efectiva. Es de gran preocupación saber que su operación prevalece aún en la sociedad, lo que revela que nosotros como iglesia hemos estado a oscuras en lo que a su identificación respecta.

HOMICIDA DESDE EL PRINCIPIO

En Isaías 14.12-17 y Ezequiel 28.14-15 dice:

> *«¡Cómo caíste del cielo, oh Lucero, hijo de la mañana! Cortado fuiste por tierra, tú que debilitabas a las naciones. Tú que decías en tu corazón: Subiré al Cielo; en lo alto, junto a las estrellas de Dios, levantaré mi trono, y en el monte del testimonio me sentaré, a los lados del norte; sobre las alturas de las nubes subiré, y seré semejante al Altísimo. Más tú derribado eres hasta el Seol, a los lados del abismo. Se inclinarán hacia ti los que te vean, te contemplarán, diciendo: ¿Es éste aquel varón que hacía temblar la tierra, que trastornaba los reinos; que puso el mundo como un desierto, que asoló sus ciudades, que a sus presos nunca abrió la cárcel?»*

> *«Tú, querubín grande, protector, yo te puse en el santo monte de Dios, allí estuviste; en medio de las piedras de fuego te paseabas. Perfecto eras en todos tus caminos desde el día que fuiste creado, hasta que se halló en ti maldad.»*

Estos son pasajes que muchos sostienen como evidencia de la caída de un ángel que, al principio, era supuestamente bueno, y que al caer se convirtió en Satanás. ¡Una vez más se esconde con astucia! ¡Preste mucha atención: Satanás no era un ángel bueno que cayo en pecado. Si así hubiera sido, ¿cuál sería, entonces, la causa de su caída? La Escritura dice que iniquidad fue hallada en él, no creada. Una vez más, su descubrimiento produce su caída. Tan pronto como su iniquidad se hizo evidente, fue echado fuera y destruida su rebelión en ese ámbito. Es un ser creado que fue asesino desde el principio (Juan 8.44); y no hay verdad en él

(1 Juan 2.4). También es el padre de toda mentira (1 Juan 3.8), pecador desde el principio:

> *«Vosotros sois de vuestro padre el diablo, y los deseos de vuestro padre queréis hacer. El ha sido homicida desde el principio, y no ha permanecido en la verdad, porque no hay verdad en él. Cuando habla mentira, de suyo habla; porque es mentiroso, y padre de mentira.»*
>
> —JUAN 8.44

> *«El que dice: Yo le conozco, y no guarda sus mandamientos, el tal es mentiroso, y la verdad no está en él.»*
>
> —1 JUAN 2.4

> *«El que practica el pecado es del diablo; porque el diablo peca desde el principio. Para esto apareció el Hijo de Dios, para deshacer las obras del diablo.»*
>
> —1 JUAN 3.8

En los pasajes mencionados podemos apreciar el carácter y la naturaleza de este espíritu diabólico. A Satanás le encantaría que creyéramos que hay algo de bueno en él. Lamentablemente (para Satanás) la Iglesia está madurando y ya no seremos niños fluctuantes llevados por cualquier viento de doctrina (Efesios 4.14). Satanás recita las Escrituras, pero tras de ellas el espíritu que fluye es perverso al propósito de Dios. Cuando citó la Biblia a Cristo, lo hizo con la intención de tentar al último Adán para que actuara independientemente del Reino del Padre. El primer Adán cayó en condiciones ideales, Cristo no falló aun cuando las condiciones eran mucho más difíciles.

Capítulo 4

Ángeles de luz

EN FORMA MUY SIMILAR, Satanás engaña a las personas —sean salvas o no— para tentarlas a producir adoración de sí mismos. El concepto presentado por él y por medio de su mensaje formula una mentalidad que presenta a otro Jesús, a otro espíritu, otro propósito y otro entendimiento de un evangelio que acomoda su intención en lugar del propósito de Cristo. Observe 2 Corintios 11.4:

> *«Porque si viene alguno predicando a otro Jesús que el que os hemos predicado, o sí recibís otro espíritu que el que habéis recibido, u otro evangelio que el que habéis aceptado, bien lo toleráis.»*

Aquí leemos a Pablo dudando del discernimiento de la iglesia de Corintios. No estaba seguro de que podían detectar y rechazar el espíritu del Anticristo. Unos versos más adelante identifica esta posición como un espíritu tras falsos profetas; obreros fraudulentos que se disfrazan de apóstoles:

> *«Porque éstos son falsos apóstoles, obreros fraudulentos, que se disfrazan como apóstoles de Cristo.»*
>
> —2 CORINTIOS 11.13

Por favor, note que este espíritu falso opera encubierto y que su forma de encubrirse es como un mensajero de la iglesia. Me pregunto: ¿Quiénes serían estos hombres hoy? Ciertamente no los ateos y comunistas. ¿Por qué? No es común llamar falso predicador de Jesús a los inicuos. No; lo siento. Esta gente que trata de pasar por apóstoles y predicadores de Cristo, probablemente se encuentran en medio nuestro; en púlpitos y grupos religiosos que predican diariamente de la Biblia. Mire los versículos 14 y 15:

> *«Y no es maravilla, porque el mismo Satanás se disfraza como ángel de luz. Así que no es extraño si también sus ministros se disfrazan como ministros de justicia; cuyo fin será conforme sus obras.»*

Por lo cual no se maraville de que Satanás se transforme en un ángel (*ministro*) de luz, es decir, una mentira disfrazada de verdad. No es cosa del otro mundo, más bien es posible que el pueblo de Dios, a través del engaño, pueda convertirse en un testimonio negativo y de esta forma cumplir el propósito de este espíritu mortal, que anhela oponerse y tomar el lugar de Cristo. El verso 15 dice: «cuyo fin será conforme a sus obras.»

Estudiemos Mateo 24.4-5:

> *«Respondiendo Jesús, les dijo: Mirad que nadie os engañe. Porque vendrán muchos en mi nombre, diciendo: Yo soy el Cristo; y a muchos engañarán.»*

Una vez más, observe que dice que son *muchos*

los que vendrán y no uno solo. Se refiere a una manifestación corporal que se llama a sí mismo o que se identifica con el nombre de Cristo. Pero su fin es engañar y, finalmente, causar decepción. ¿Está usted entendiendo esto? Son muy pocos los cristianos que pueden discernir más allá de la prédica pública de un ministro y su benevolencia, moralidad y carisma, lo cual llena los púlpitos religiosos de hoy día. Sirven con el sistema por cabeza, y con una doctrina a la cual están atados por juramento. Hombres que predican para agradar a la gente, un asalariado en pacto con su sueldo, ya sea el dinero o el prestigio, la fama o la popularidad. Otros lo hacen por títulos, posiciones o influencia.

El salario varía en un clérigo que es ordenado por los hombres. Jesús dijo, hablando de estos hombres, que usarían ropas largas, amarían las salutaciones en las plazas, el sentarse en los lugares elevados al frente y en la cabecera de la mesa. Le roban el dinero a las viudas, hacen largas oraciones; pero recibirán mayor condenación (Lucas 20.46-47):

> *«Guardaos de los escribas, que gustan de andar con ropas largas, y aman las salutaciones en las plazas, y las primeras sillas en las sinagogas, y los primeros asientos en las cenas; que devoran las casas de las viudas, y por pretexto hacen largas oraciones; éstos recibirán mayor condenación.»*

¿Cómo podemos ver más allá de este engaño tan sutil que presenta el sistema, y discernir si su raíz es buena o mala? Pareciera ser bueno y próspero: ¿cómo es posible que sea erróneo? La respuesta está en conocer a Cristo, no sólo el perdón de los pecados; conociéndolo en la intimidad y en sus propósito. No es seguro discernir al hombre por su palabra y sus obras; es por el espíritu del cual proviene su fluidez y su motivación que se discierne. Si conocemos a Cristo y la presencia de su Espíritu, entonces poseemos la única medida que divide la verdad de lo que sólo se le parece.

Por favor, oiga esto con un corazón motivado a descubrir y seguir su propósito. La intención de este libro es llevarlo a usted hacia el verdadero propósito. No es cuestión de doctrina ni teología sino de manifestar el destino tanto del individuo como de todo el Cuerpo de Cristo. ¡Que el Señor nos dé sabiduría y entendimiento!

BUSCANDO UNA NOVIA

Cuando Abraham envía a su siervo con la encomienda de encontrar una novia para su hijo Isaac, demanda ciertas cosas.

> *«Era Abraham ya viejo, y bien avanzado en años; y Jehová había bendecido a Abraham en todo. Y dijo Abraham a un criado suyo, el más viejo de su casa, que era el que gobernaba en todo lo que tenía: Pon ahora tu mano debajo de mi muslo, y te juramentaré por Jehová, Dios de los cielos y Dios de la tierra, que no tomarás para mi hijo mujer de las hijas de los cananeos, entre los cuales yo habito; sino que irás a mi tierra y a mi parentela, y tomarás mujer para mi hijo Isaac.»*
>
> — *GÉNESIS* 24.1-4

Aquí vemos en forma de tipología que el Padre (Dios), demanda que su Hijo (Cristo), solo se alíe con una novia del mismo espíritu. No puede haber alianza con un espíritu contrario, que no posea los mismos genes espirituales. Él, no cananeos (*cananeos* significa «mercaderes»). De manera que no puede haber una unión con un espíritu cuyas motivaciones son mercadear la unción de Dios, ya sea por fama, posición o salario. De igual manera hoy, Dios esta buscando una novia que no tenga un precio de compra, ni que se venda por una motivación reñida con el propósito de Dios. Para ser parte de esta «novia» debemos estar identificados con las mismas motivaciones del novio.

EL PARALELO

Satanás también opera un paralelo al propósito de Dios. Hay una ciudad mística que se llama Babilonia, la cual produce
una ramera por novia, pareja infiel del Anticristo. Dios tiene una ciudad (la nueva Jerusalén) que produce una novia para su Hijo (Cristo).

Esta es la forma en que el diablo se reproduce en la tierra. Entonces vemos dos ciudades, dos novias, dos mujeres, que existen en la tierra y no necesariamente por separado. Ya hemos vistos que muchas veces opera en nuestro medio, tal cual nos informó Juan en su epístola:

> *«Hijitos, ya es el último tiempo; y según vosotros oísteis que el anticristo viene, así ahora han surgido muchos anticristos; por esto conocemos que es el último tiempo. Salieron de nosotros, pero no eran de nosotros; porque si hubieran sido de nosotros, habrían permanecido con nosotros; pero salieron para que se manifestase que no todos son de nosotros.»*
>
> —1 JUAN 2.18-19.

Mientras que muchos discuten acerca de quién será el famoso Anticristo, su malvado espíritu nos roba el impacto por medio de su engaño sutil, operando como ángel de luz. Al igual que aquella gran ciudad literal e histórica (Babilonia) que llevó cautivo a Israel, hoy es un sistema espiritual, infiel al propósito de Dios y aliado con los poderes del mundo (la Bestia), que mantiene cautivos a miles de creyentes, los que, ignorantes de este engaño, se rinden impotentes, fuera del propósito de Dios. El poder de Satanás es difícil de discernir porque opera en contra de sí mismo. Él entrega poder a varios cuernos (autoridades o poderes), que a su vez se oponen entre sí. Así opera este espíritu. Se manifiesta a través de poderes que se destruyen entre sí. Esto es evidente en el día de hoy, en medio del mundo del sistema religioso, como podría afirmar cualquiera que tenga un corazón sincero. ¡Qué triste es la ceguera que hace tropezar a muchos y que como consecuencia rechazan al Reino de Dios y se pelean uno contra el otro! Sin embargo hacen pactos entre sí para no perder su gloria ante los engañados por el mismo espíritu. Tampoco quiere perderla ante el mundo. Aunque este sistema tiene a los reyes de la tierra como amantes, estos aborrecerán a la ramera, la desolarán y finalmente la destruirán.

> *«...con la cual han fornicado los reyes de la tierra, y los moradores de la tierra se han embriagado con el vino de su fornicación... Y los diez cuernos que viste en la bestia, éstos aborrecerán a la ramera, y la dejarán desolada y desnuda; y devorarán sus carnes, y la quemarán con fuego; porque Dios ha puesto en sus corazones el ejecutar lo que él quiso: ponerse de acuerdo, y dar su reino a la bestia,*

> *hasta que se cumplan las palabras de Dios. Y la mujer que has visto es la gran ciudad que reina sobre los reyes de la tierra.»*
>
> —APOCALIPSIS 17.2, 16-18

Esta es la voluntad de Dios para este sistema. Y esta es su palabra para todos los que tienen su nombre escrito en el Libro de la Vida:

> *«Y oí otra voz del cielo, que decía: Salid de ella, pueblo mío, para que no seáis partícipes de sus pecados, ni recibáis parte de sus plagas.»*
>
> —APOCALIPSIS 18.4

Todo esto fue prefigurado en la historia de Israel. Por causa de su pecado fueron cautivos en Babilonia. Cuando el llamado de Dios vino para que ellos salieran de ella, fue igual a «escapa a su castigo». Pero los judíos que habían estado cautivos en Babilonia se habían habituado tan bien a esta tierra extranjera que en su comodidad se tornaron insensibles a la voz de Dios. Ya tenían sus sacerdotes y sus leyes. Practicaban sus ritos religiosos y por lo tanto no les interesó el llamado de Dios. No fue importante para ellos el hecho de que Dios había escogido a Jerusalén y que el templo era el centro de su presencia. Tampoco que no había rey en Sión. Se convirtieron en una burla ante las naciones y perdieron el propósito divino de ser su linaje escogido y nación santa. Solo unos cuantos salieron respondiendo al llamado de Dios de llegar a su tierra. ¿Qué le sucedió al resto? Fueron partícipes del castigo de Dios a Babilonia. Cuando esta ciudad fue derrotada y saqueada, todos los que permanecieron en ella murieron a espada o fueron llevados a un cautiverio mayor por esta bestia.

No hay ningún lugar para transigencia alguna. Si no tenemos una pasión por la presencia de Dios, terminamos siendo cautivos del sistema babilónico

EDIFICAR SOBRE LA ARENA

Para ser encontrados en Cristo es necesario estar fundados en la verdad, porque Él es la verdad. Todo aquel que no está en Cristo, permanece en el error. Como consecuencia, estar en el error es no estar en Cristo. Dios en Cristo, por medio de su Espíritu, es el profeta verdadero. Satanás en el Anticristo, por medio de su espíritu, es el falso profeta. De acuerdo a estas dos voces se pueden construir dos casas (iglesias). Una sobre la roca y otra sobre la arena. El proceso por el cual Dios revela a Cristo (su verdad) al hombre, es el principio sobre el cual Él dijo que edificaba su Iglesia:

> *«Viniendo Jesús a la región de Cesarea de Filipos, preguntó a su discípulos, diciendo: ¿Quién dicen los hombres que es el Hijo del Hombre? Ellos dijeron: Unos, Juan el Bautista; otros Elías; y otros Jeremías, o alguno de los profetas. Él les dijo: Y vosotros, ¿quién decís que soy yo? Respondiendo Simón Pedro, dijo: Tú eres el Cristo, el Hijo del Dios viviente. Entonces le respondió Jesús: Bienaventurado eres, Simón, hijo de Jonás, porque no te lo reveló carne ni sangre, sino mi Padre que está en los cielos. Y yo también te digo, que tú eres Pedro, y sobre esta roca edificaré mi iglesia y las puertas del Hades no prevalecerán contra ella.»*
>
> —*MATEO* 16.13-18

En otras palabras, la verdad nos llega por revelación, de la misma forma en que se descubre el error.

Por medio del falso profeta (espíritu), y en forma progresiva, Satanás revela las operaciones del Anticristo. Esta es la arena sobre la cual se edifica la casa (iglesia) que se encuentra en error. Continuamente revela sus propias ideas al hombre sobre quién es Dios, formando seguidores de «la ramera», un sistema compuesto de falsos profetas. Como resultado, los hombres caen presos en este sistema y terminan adorando a una imagen o idea de Dios que ha sido producida por un espíritu de error.

A veces dedican toda una vida al servicio de un falso concepto de la iglesia, precisamente por causa de la influencia de este espíritu homicida. Sí, es homicida porque destruye el llamado en los hombres de Dios, destruye el futuro de nuestros jóvenes, poniéndoles la idea de que el estudiar o prepararse en una carrera profesional es, según su doctrina, mundano. Destruye la expresión natural que Dios pone en nuestras hermosas mujeres, con ataduras de legalismo que prohiben su expresión. Destruye la manifestación del gozo divino y de la fortaleza que habita en todos nosotros, y lo hace por medio de la limitación causada por tradiciones humanas. Sí, este espíritu es el mismo que destruye miles de matrimonios, que aunque nunca se disuelven (por causa de las opiniones de otros) viven una relación llena de resentimientos unos contra otros. Destruye paulatinamente los sueños de las esposas, las que siguen una vida pública que se esconde tras una sonrisa política o por compromiso.

Este es el mismo sistema que lleva a miles de hombres a abandonar su posición de proveedor del hogar, en busca de un tal «llamado de Dios de tiempo completo», supuestamente global. Tales hombres son los mismos que terminan leudando nuestras mentes con un falso mensaje, el cual reproduce el mismo anhelo en los jóvenes, asegurando un futuro lleno de ignorancia, pobreza e incertidumbre, sin propósito y totalmente negativo en lo que a nuestro testimonio ante el mundo se refiere. Es esta la razón por la cual el Evangelio ha perdido respeto ante las naciones.

Es a través de este mismo sistema que se levantan ministerios egocéntricos y a la vez introvertidos, que se encierran tras cuatro paredes —a las que llaman iglesia— y celebran cultos llenos de un hiperentecostalismo que nos hace ver como gente entregada a prácticas místicas, donde falta un verdadero contacto con la realidad. Hoy en día este espíritu es tan sofisticado que se disfraza y opera en medio de lo que llaman «restauración y visitación de Dios». Es ilimitada su expresión y sólo se discierne por la revelación de la verdad.

Jesús es la expresión del Padre; esta es la verdad de su realidad espiritual o verdad absoluta. Satanás sólo puede acudir y apelar a la dimensión natural, la esfera de la mente carnal, ya que él mismo opera en tinieblas, en medio de la ignorancia, en la ausencia total de luz (la revelación de la verdad). Dios dice que el día llegará en que los verdaderos adoradores lo adorarán en espíritu y en verdad. Ahora bien, junto con el error de seguir a una idea de Dios, en lugar de seguir a Dios mismo, tenemos la opción de varios propósitos que luchan entre sí. Así como Dios se propuso a sí mismo (Efesios 1.9), Satánás también tiene su propósito alterno y lleno de engaño, el cual es conseguir la devoción del hombre hacia él.

A los reyes del mundo les ofrece principios humanísticos y de educación de engaño, prometiéndoles un mañana mejor para la nación, mientras que al pueblo de Dios le ofrece una vida futura lejana, en una utopía divina y celestial, en alguna nube más allá de la estratósfera. ¡Deténgase! No se trata de eliminar la realidad de la dimensión en que Dios origina su plan, pero sí de sacar la mente del pueblo de Dios de esa dimensión. Dios tiene sólo un plan para el hombre, y no será alterno por ninguna doctrina humana. Su intención es solo una y se encuentra manifestada en el hombre Jesús, y que el hombre cambie de la expresión de una imagen terrenal a una expresión de una imagen celestial.

Capítulo 5

Hombre y hombre

«ASÍ TAMBIÉN ESTA ESCRITO: Fue hecho el primer hombre Adán alma viviente; el postrer Adán, espíritu vivificante. Mas lo espiritual no es primero, sino lo animal; luego lo espiritual. El primer hombre es de la tierra, terrenal; el segundo hombre, que es el Señor, es del cielo. Cual el terrenal, tales también los terrenales; y cual el celestial, tales también los celestiales. Y así como hemos traído la imagen del terrenal, traeremos también la imagen del celestial.»

—1 CORINTIOS 15.45-49

Desarrollemos esto un poco. La Escritura nos dice claramente que el primer hombre fue Adán. Note que no hay ningún otro hombre mencionado sino hasta el segundo: el Señor. ¿Cómo es posible que desde Adán hasta Cristo no se tome en cuenta a los millones y millones de hombres que han existido? Dios identifica a dos hombres en la tierra. El primero con las características terrenales de Adán; el segundo con las características divinas de Cristo. Dos hombres «multimiembros» en la tierra. Dos cuerpos corporales. Un viejo hombre (creación), y un nuevo hombre (creación), revestido de la naturaleza de Cristo.

EL DERECHO DE SER HIJOS

La palabra es muy enfática acerca del hecho de que la nueva creación es un cuerpo «multimiembro» en la tierra, cuya cabeza es Cristo. El mundo entero aguarda por la manifestación de este cuerpo, (los hijos de Dios). Usted dirá: «¡Un momento! Todos somos hijos de Dios.» Entonces, ¿por qué la Escritura nos dice lo siguiente?:

> *«Mas a todos los que le recibieron, a los que creen en su nombre, les dio potestad de ser hechos hijos de Dios.»*
>
> —JUAN 1.12

Note claramente que nos da el derecho de ser hechos sus hijos. La palabra «potestad» en griego es *exousia,* y significa «el derecho de», el privilegio o el permiso de. Si fuésemos esta manifestación, entonces ¿por qué toda la Creación aún gime por ella?

> *«Porque el anhelo ardiente de la creación es el aguardar la manifestación de los hijos de Dios... Porque sabemos que toda la creación gime a una, y a una está con dolores de parto hasta ahora.»*
>
> —ROMANOS 8.19,22

La palabra «hijos» en este pasaje significa un hijo adulto o maduro. La palabra en griego es *huios,* la cual identifica a un hijo más allá e independiente de su nacimiento. Más bien se relaciona con la adopción del Padre que con nuestra identificación con Él. Es el reconocimiento de parte del Padre hacia nosotros como hijos (huios) herederos. Observa el mismo reconocimiento en la vida de Cristo.

> *«Aconteció en aquellos días, que Jesús vino de Nazaret de Galilea, y fue bautizado por Juan en el Jordán. Y luego, cuando subía del agua, vio abrirse los cielos, y al Espíritu como paloma que descendía sobre él. Y vino una voz de los cielos que decía: Tú eres mi Hijo amado; en ti tengo complacencia.»*
>
> —*Marcos 1.9-11*

Jesús ya tenía treinta años cuando aconteció esto. Los judíos acostumbraban a mantener a sus hijos bajo tutores hasta el tiempo señalado por el padre (Gálatas 4.1) y no era sino hasta entonces que el padre determinaba si el hijo estaba calificado para administrar su herencia. De igual manera, la Creación aguarda actualmente que el pueblo de Dios sea reconocido por Él como el «huios», un hijo maduro compuesto de muchos miembros, que a través de sus operaciones terrenales trae la imagen del Adán celestial, el nuevo modelo de Dios. Un nueva Creación.

LA COMPAÑÍA DE TERRESTRES CELESTIALES

En el libro de Isaías leemos:

> *«Cuán hermoso son sobre los montes los pies del que trae alegres nuevas, del que anuncia la paz, del que trae nuevas del bien, del que publica salvación, del que dice a Sión: ¡Tu Dios reina!»*
>
> —*Isaías 52.7*

Note que se refiere a una persona masculina, en forma singular. No es una novia sino un hombre. Dice que su belleza se encuentra en los pies. También que tiene una palabra para Sión. En Nahum 1.15 leemos:

> *«He aquí sobre los montes los pies del que trae buenas nuevas, del que anuncia la paz.»*

Una vez más, masculino y singular. Vayamos al Nuevo Testamento y comparemos.

> *«¿Y cómo predicarán si no fueren enviados? Como está escrito: ¡Cuán hermosos son los pies de los que anuncian la paz, de los que anuncian buenas nuevas!»*
>
> —*ROMANOS 10.15*

Aquí vemos al apóstol Pablo que hace referencia a la misma escritura, solo que nos añade revelación y entendimiento en el tema. No menciona el verso de forma singular, sino en forma plural. «De los que anuncian.» Ciertamente no vamos a creer que Pablo comete un error cuando lo interpreta de esta forma.

No; más bien creo que el Espíritu nos revela a través de Pablo que habrá un cuerpo de muchos miembros que será «un hombre», una nueva creación de los últimos días.

> *«...de reunir todas las cosas en Cristo, en la dispensación del cumplimiento de los tiempos, así las que están en los cielos, como las que están en la tierra.»*
>
> —*EFESIOS 1.10*

En la consolidación de todas las cosas está incluido un grupo terrestre. Jesús es la cabeza y este grupo esta diseñado como los pies:

> *«Y sometió todas la cosas bajo sus pies, y lo dio por cabeza sobre todas las cosas a la iglesia, la cual es su cuerpo, la plenitud de Aquel que todo lo llena en todo.»*
>
> —EFESIOS 1.22,23

En la descripción de las vestimentas del sacerdote, en el Antiguo Testamento, hay un detalle muy importante. Esta vestimenta cubre todo el cuerpo excepto la cabeza, las manos y los pies. Cuando cruzaba el velo, solo estas tres partes eran visibles. Los pies eran visibles cuando caminaba, ya que estando quieto las faldas los cubrían. Era una foto perfecta de la manifestación de su gloria. Cristo Jesús es la cabeza, las manos los ministerios en perfección y los pies la compañía de vencedores que cargarán su cuerpo a través del velo.

UN CUERPO MULTIMIEMBROS

Observa la relación que hay en las partes del cuerpo:

> *«Porque así como el cuerpo es uno, y tiene muchos miembros, pero todos los miembros del cuerpo, siendo muchos, son un solo cuerpo, así también Cristo... Además, el cuerpo no es un solo miembro, sino muchos. Si dijere el pie: Porque no soy mano, no soy del cuerpo, ¿por eso no será del cuerpo? Y si dijere la oreja: Porque no soy ojo, no soy del cuerpo, ¿por eso no será del cuerpo? Si todo el cuerpo fuese ojo, ¿dónde estaría el oído? Si todo el cuerpo fuese oído, ¿dónde estaría el olfato? ... pero ahora son muchos los miembros, pero el cuerpo es uno solo. Ni el ojo puede decir a la mano: No te necesito, ni tampoco la cabeza a los pies: No tengo necesidad de vosotros.»*
>
> —1 CORINTIOS 12.12,14-17, 20,21

Ciertos miembros que este Varón de Dios edifica en la tierra tienen relación con otros. Note en el verso 15 que los pies y las manos se mencionan juntos. Los pies necesitan del ministerio de la mano de Dios (los cinco ministerios). Porque es por medio de los apóstoles, profetas, evangelistas, pastores y maestros que esta compañía de gentes llamada «los pies» es perfeccionada (Efesios 4.11-13). En el verso 16 vemos que el oído y los ojos son mencionados juntos. Esto parece ser un patrón en la Biblia. En el Antiguo Testamento se ve el ministerio del *vidente.* Tiene que ver con sueños y visiones y está relacionado muy de cerca con el ministerio profético en el Nuevo Testamento.

Cristo decía continuamente: «El que tenga oído que oiga.» El ministerio de los ojos necesita estar sujeto al oído, pues sin el oír de la palabra, la fe verdadera no vendrá. También vemos en el verso 17 que el oír es mencionado junto con el olfato. Olfato aquí significa discernimiento, sin el cual es imposible diferenciar la verdad del falso mensaje del Anticristo. No olvide que Babilonia tiene muchas voces. El ojo no puede decirle a la mano «no te necesito».

Muchos en el cuerpo creen poder ver el programa de Dios, y como consecuencia se aíslan del cuerpo, convirtiéndose en presas de este espíritu. Ahora observe la importancia de esta revelación. El verso 21 dice que la cabeza (Jesús) no puede decirle a los pies (la compañía de los santos en la tierra) «no tengo necesidad de ti». ¡WOW! En Colosenses 1.18 se encuentra otro verso que confirma que la cabeza es Cristo. En el proceso de un nacimiento físico, la cabeza debe nacer primero. De igual forma sucede con el nacimiento de este nuevo hombre, Cristo el primogénito y luego su cuerpo de multimiembros.

LA EXTENSIÓN DE UNA SIMIENTE

En el Reino de Dios podemos observar un principio que también nos añade luz a este tema: Todo lo que Dios hace en la tierra comienza con una semilla de forma singular. Pero al otro lado de la cruz, eso es convertido en un hombre corporal. Veamos algunos ejemplos. En una ocasión Cristo dijo:

> *«De cierto, de cierto os digo, que si el grano de trigo no cae en tierra y muere, queda solo; pero si muere, lleva mucho fruto.»*
>
> —*Juan* 12.24

En la ley se escogía a un sumo sacerdote, en la gracia somos un reino de sacerdotes (Apocalipsis 1.6). Era un sacrificio al año, hoy es el sacrificio de alabanza a cualquier hora del día y del año (Hebreos 13.15). Veamos una vez más 1 Corintios 15.45,47:

> *«Así también está escrito: Fue hecho el primer hombre Adán alma viviente; el postrer Adán, espíritu vivificante... El primer hombre es de la tierra, terrenal; el segundo hombre, que es el Señor, es del cielo.»*

La Escritura dice que Adán fue el primer hombre. Luego dice que Cristo (el Señor) es el postrer (o el último) Adán. Esta es la palabra *adam,* que literalmente significa un «ser humano», o «individuo». En otras palabras, es la expresión del último modelo que Dios nos da para su representación. Sin embargo, vemos que aunque dice que es el último Adán, en el verso 47 afirma que es sólo el segundo hombre. Como puede ver claramente, la Escritura considera que toda la humanidad que está trayendo la imagen del terrenal es solo la extensión del primer Adán, formando el primer hombre corporal, y que todos aquellos que están en Cristo (la verdad) forman el segundo hombre corporal en la tierra; la formación de una nueva creación en Cristo.

> *«De modo que si alguno está en Cristo, nueva criatura es; las cosas viejas pasaron; he aquí todas son hechas nuevas.»*
>
> *—2 CORINTIOS 5.17*

Ahora le pido que preste atención con el espíritu. El Anticristo es un espíritu que se manifiesta a través de un paralelo corporal. Es cabeza de su cuerpo, y su cuerpo está en directa oposición o usurpando el lugar del verdadero cuerpo de Cristo. Recuerde que Satanás no puede crear nada, solo pervertir o torcer. Solo puede desacreditar o impostar. Opera por medio del engaño y de las mentiras. Sólo puede fluir en un ámbito de ignorancia y de rebelión al propósito de Dios. Es la luz de la verdad la que lo revela o expone. Y al ser expuesto es automáticamente destruido, ya que el engaño no puede operar en la luz y en el entendimiento de la verdad.

Desde el principio, el deseo de Satanás era exaltar su trono (gobierno, dominio) sobre el de Dios. Quería sentarse en el templo de Dios y ser adorado como tal. Según 1 Corintios 6.19, nuestro cuerpo es el templo de Dios. Satanás quiere establecer su dominio en la tierra en medio del pueblo de Dios. Opera muy sutilmente. Nos robó la educación, la música, el gobierno y la imagen ante las naciones.

Este espíritu entretiene a nuestros hijos con

fábulas acerca del futuro, los que así quedan impotentes ante las responsabilidades del mañana. Este espíritu nos roba el potencial de miles de jóvenes ministros que intercambian la soberana vocación por doctrinas, tradiciones y memorización de Escrituras, expresando una forma de religión que carece de poder redentor en la sociedad, y nos asegura la falta de pertinencia respecto de los dilemas que enfrenta hoy nuestra sociedad. Es el mismo espíritu que nos mantiene celebrando victorias de una fe imaginaria, mientras que domingo tras domingo nos mantiene cautivos a los rudimientos y principios del mundo, sin poder expresar en verdad que el señorío de Cristo sobre nuestras vidas es superior a las circunstancias que nos rodean día a día.

Miles de los mensajes que cruzan nuestros púlpitos son afectados por esta sutileza, careciendo de objetividad y de principios prácticos para la manifestación de una victoria literal, real y práctica en medio de nuestra vida cotidiana.

LA ENTRADA AL REINO

Satanás solo viene para hurtar, matar y destruir. No tiene otro propósito, pues esa es su naturaleza. Para conseguirlo nos ofrece una verdad limitada en forma pervertida. Este acercamiento razonable puede llegar a ser muy convincente, y más aceptado por el hombre que los misterios del Espíritu de Dios.

Cuando Jesús caminaba sobre la tierra lo hizo totalmente rendido y sujeto al reinado de Dios en su vida. Hizo esto en los días de su carne, días que precedieron a la resurrección, lo cual nos revela que Dios espera por una perfección (madurez) antes de la transfiguración de nuestros cuerpos, según 1 Corintios 15.51,52. Aquellos que aguardan por una resurrección física como la esperanza de su perfección, han sido robados de su destino de ser conformados a la imagen de Cristo por medio de un énfasis en la esperanza de un viaje al cielo. Los apóstoles nunca nos enseñaron el cielo como nuestra esperanza o llamado. Entramos en el Reino cuando nacemos, no cuando somos resucitados:

> *«...De cierto, de cierto te digo, que el que no naciere de nuevo, no puede ver el reino de Dios. Nicodemo le dijo: ¿Cómo puede un hombre nacer siendo viejo? ¿Puede acaso entrar por segunda vez en el vientre de su madre, y nacer? Respondió Jesús: De cierto, de cierto te digo, que el que no naciere del agua y del Espíritu, no puede entrar en el reino de Dios.»*
>
> —*JUAN 3.3-5*

Para entender mejor este pasaje tenemos que hacer un pequeño estudio del Reino de Dios. Primeramente dice que es el nacer lo que nos da entrada, no el morir ni tampoco la resurrección. Dice que tenemos que nacer de nuevo por el Espíritu de Dios. Entrar en el Reino de Dios no significa un traslado de dirección física. El Reino tampoco se limita al ámbito en que Dios opera. En griego, la palabra *reino* es *basileia* y significa lo siguiente: dominio, señorío o influencia que ejerce un rey; es el perímetro o alcance de su gobierno o influencia y también los súbditos que a él se someten.

Como puede ver, el Reino no es un lugar distante en una nube. Es el ámbito de su influencia y de todo aquel que a ella se somete voluntariamente. El Reino de Dios es eterno. El Salmo 145.13 dice:

> *«Tu reino es reino de todos los siglos, y tu señorío en todas las generaciones.»*

No tiene principio ni fin, ya que Dios es Rey desde que es Dios, y es imposible ser rey sin un reino. Así que ni la venida del reino ni su entrada tienen que ver con su comienzo o manifestación, porque es eterno y siempre es. Más bien lo que varía de acuerdo a nuestra obediencia es nuestra relación con el Reino. Somos nosotros los que tenemos que entrar en él por medio de un nuevo nacimiento y de la obediencia a la Palabra. Tenemos que entrar en la esfera de su dominio y autoridad, donde podemos librarnos del gobierno del Anticristo. ¿Por qué es importante esto? El problema es que por medio de la falsa voz profética de este sistema hemos intercambiado la manifestación de un cuerpo tras la imagen del segundo Hombre, (el cuerpo de Cristo en perfección) por la esperanza de una perfección en su venida, independientemente de nuestra obediencia al Reino de Dios hoy. Solo por medio del reinado de Cristo sobre nuestras vidas seremos libres de la influencia de este espíritu mortal.

Capítulo 6

Dos hombres en contraste

ESTUDIEMOS ESTOS DOS HOMBRES un poco más. Ya hemos dicho que el primer hombre fue Adán y que el segundo es Cristo. Ahora bien; todo se reproduce según su especie. Adán no obedeció el mandato de multiplicarse mientras era inocente, en el huerto. Si hubiese sido así, solo habría producido hijos en esa dimensión. Pero sabemos que no fue así, y que no fue sino hasta después de su caída que se reprodujo, trayendo al mundo hombres con su misma imagen corrupta. Sólo podía reproducir lo que él era. Al igual que un olivo no produce naranjas, de igual manera Adán sólo trajo una multiplicación de sí mismo. Este principio es muy importante en este estudio acerca del hombre de Dios (los multimiembros de Cristo) y del hombre del Anticristo.

CAÍN Y ABEL

Cuando Caín nace se manifiesta la primera extensión de Adán y no el segundo hombre. A medida que siguieron multiplicándose, comenzamos a ver la manifestación corporal del primer hombre (Génesis 6.1). Solo podían ser lo que era su padre, tener su imagen y reproducir sus obras; una raza adámica. A través de la Biblia Dios usa dos hombres totalmente diferentes para dejar como patrón el contraste entre el hombre terrenal y el hombre celestial. Miremos a Caín, un hombre que producía «del fruto de la tierra», por medio del sudor de su frente (el esfuerzo humano). ¿Qué aconteció? No reconoció su pecado; tampoco trajo sangre para su redención. En cambio vemos a Abel que sí reconoce su pecado y trae un cordero inocente para su redención, y fue aceptado por Dios. Caín destruye el estandarte, destruye el testimonio. Era mucha la convicción. Pero 4000 años después, la voz de Abel aún habla. Así es hoy. (Génesis 4.1-10).

> *«Por la fe Abel ofreció a Dios más excelente sacrificio que Caín, por lo cual alcanzó testimonio de que era justo, dando Dios testimonio de sus ofrendas; y muerto, aún habla por ella.»*
>
> —*HEBREOS 11.4*

Observe primeramente que el sacrificio de Abel era más excelente que el de Caín. He aquí la razón del ataque.

Al pasar el tiempo vemos a dos hombres más: Abraham y Nimrod. Ambos vivieron más o menos en el mismo tiempo y en el mismo lugar en la tierra. Nimrod fue un hombre poderoso, fuerte y sin Dios, edificador de ciudades e inventor de religiones:

> *«Y Cus engendró a Nimrod, quien llegó a ser el primer poderoso en la tierra. Este fue vigoroso cazador delante de Jehová; por lo cual se dice: Así como Nimrod, vigoroso cazador delante de Jehová. Y fue el comienzo de su reino Babel, Erec, Acad y Calne, en la tierra de Sinar. De esta tierra salió para Asiria, y edificó Nínive, Rehobot, Cala y Resén entre Nínive y Cala, la cual es ciudad grande.»*
>
> —*GÉNESIS 10.8-12*

> *«Y dijeron: Vamos, edifiquémonos una ciudad y una torre, cuya cúspide llegue al cielo; y*

> *hagámonos un nombre, por si fuéramos esparcidos sobre la faz de toda la tierra.»*
>
> —GÉNESIS 11.4

La cúspide de esta torre estaba dedicada a la astrología y los dioses falsos. Nimrod fue un canal para los poderes satánicos, la invasión del ocultismo y las revelaciones síquicas. Fue fundador de Babilonia y el primer falso apóstol (Génesis 10.10). Era descendiente de Cam, una generación maldita por Noé por causa de descubrir la desnudez de su padre. Sus hijos se han esparcido por toda la tierra siguiendo sus caminos y cargando su imagen. En contraste tenemos a Abraham, llamado a salir de tal lugar en busca de una ciudad con fundamentos cuyo hacedor es Dios:

> *«Por la fe Abraham, siendo llamado, obedeció para salir al lugar que había de recibir como herencia; y salió sin saber a dónde iba. Por la fe habitó como extranjero en la tierra prometida como en tierra ajena, morando en tiendas con Isaac y Jacob, coherederos de la misma promesa; porque esperaba la ciudad que tiene fundamentos, cuyo arquitecto y constructor es Dios.»*
>
> —HEBREOS 11.8-11

Aquí vemos a un hombre también descendiente de Adán, pero su fe lo hizo justo ante Dios. Una vez más vemos a Dios identificando su hombre en contraste al hombre de iniquidad.

ISMAEL E ISAAC

Examinemos a Ismael e Isaac, hijos de un mismo padre, solo que uno fue producto del esfuerzo carnal. Ismael nace de la esclava y sólo genera esclavitud.

> *«Porque está escrito que Abraham tuvo dos hijos; uno de la esclava, el otro de la libre. Pero el de la esclava nació según la carne; más el de la libre, por la promesa. Lo cual es una alegoría, pues estas dos mujeres son los dos pactos; el uno proviene del monte Sinaí, el cual da hijos para esclavitud; éste es Agar. Porque Agar es el monte Sinaí en Arabia, y corresponde a la Jerusalén actual, pues ésta, junto con sus hijos, está en esclavitud.»*
>
> —*GÁLATAS* 4.22-25

La escritura aquí nos enfatiza que los dos hijos de Abraham tienen un significado más allá de su vida histórica. Encierran principios que nos revelan una verdad espiritual mucho más importante que el relato de la historia. El verso nos dice que las dos mujeres son dos pactos. Estas son las dos iglesias, la novia y la falsa ramera. Son dos alianzas con Dios, que producen dos hombres en contraste el uno con el otro. El verso nos indica que es un ejemplo alegórico, una metáfora o comparación. Ismael es el substituto que el hombre provee. Es la voluntad permisiva de Dios y no la perfecta (Génesis 17.20). Ismael, aunque es hijo del mismo padre y vive en la misma casa, y parece ser la verdad, no lo es. Observe que este hombre representa al que se opone al verdadero hombre de Dios. Usualmente nace primero, pero su destino no termina igual (Génesis 25.23). También opera en los dones de Dios:

> *«Y Abraham dio todo cuanto tenía a Isaac. Pero a los hijos de sus concubinas dio Abraham dones.»*
>
> —*GÉNESIS* 25.5-6

Ismael no entiende el fluir del Espíritu, por lo cual se burla de Isaac (Génesis 21.9) Constantemente persigue al verdadero hombre:

> *«Pero como entonces el que había nacido según la carne perseguía al que había nacido según el Espíritu, así también ahora...»*
>
> —GÁLATAS 4.29

Vemos que aquello que encierra la historia nos admoniza que el mismo espíritu que operaba en Ismael también opera hoy. Ismael se convirtió en una nación fuerte y grande. Mas no era la promesa de Dios (Génesis 17.20). Era lo mejor que el hombre producía. Finalmente nace Isaac y comienzan los problemas. La iglesia tras la naturaleza de Ismael no tiene problemas hasta que comienza a manifestarse el verdadero hombre de Dios. Aunque en contraste el uno con el otro, viven juntos por un tiempo. Este tiempo está determinado por la madurez del hombre tras la naturaleza de Isaac:

> *«Y creció el niño, y fue destetado; e hizo Abraham gran banquete el día que fue destetado Isaac.»*
>
> —GÉNESIS 21.8

Luego, el versículo 10 dice:

> *«Echa a esta sierva y a su hijo, porque el hijo de esta sierva no ha de heredar con Isaac mi hijo.»*

Y una vez más, en Gálatas 4.30, leemos:

> *«Mas ¿qué dice la Escritura? Echa fuera a la esclava y a su hijo, porque no heredará el hijo de la esclava con el hijo de la libre.»*

SAÚL Y DAVID

Luego vemos a Saúl y a David. Uno era cabeza y hombros por encima de todo hombre (en lo natural). El otro era alto sólo en el espíritu y en la unción. Fueron los primeros reyes de Israel; uno fue un desastre para Israel, el otro fue su liberación. ¿Cuándo será el día que aprenderemos a no confiar en la fuerza humana, no importa cuán organizada sea? Solo la unción perfeccionará al varón a la estatura predeterminada por Efesios 4.11-16. La carne nunca, lea bien, nunca podrá coexistir con la unción. Saúl persiguió apasionadamente al ungido de Dios. Así también es hoy. 2 Samuel 3.1 dice:

> *«Hubo larga guerra entre la casa de Saúl y la casa de David; pero David se iba fortaleciendo, y la casa de Saúl se iba debilitando.»*

SAULO Y EL HOMBRE DE GALILEA

En el Nuevo Testamento vemos que Saulo perseguía al hombre de Galilea. Saulo era fuerte, ambicioso, enérgico, muy religioso y determinado a destruir a los seguidores del hombre de Dios. Su comportamiento lo identifica con el engaño del espíritu opuesto a la verdad:

> *«Habiendo yo sido antes blasfemo, perseguidor e injuriador; mas fui recibido a misericordia porque lo hice por ignorancia, en incredulidad.»*
>
> —*1 TIMOTEO 1.13*

> *«Y muchas veces, castigándolos en todas las sinagogas [iglesias], los forcé a blasfemar; y enfurecido sobremanera contra ellos, los perseguí hasta en las ciudades extranjeras. Ocupado en esto, iba yo a Damasco con poderes y en comisión de los principales sacerdotes...»*
>
> —*HECHOS 26.11,12*

Y otra vez vemos más revelación en Gálatas 1.13-14:

«Porque ya habéis oído acerca de mi conducta en otro tiempo en el judaísmo, que perseguía sobremanera a la iglesia de Dios, y la asolaba; y en el judaísmo aventajaba a muchos de mis contemporáneos en mi nación, siendo mucho más celoso de las tradiciones de mis padres.»

Estos versos nos revelan varias características de este hombre Anticristo. Por ejemplo, celoso por las tradiciones de los ancianos. Mateo dice:

«...vosotros quebrantáis el mandamiento de Dios por vuestra tradición? ... Así habéis invalidado el mandamiento de Dios por vuestra tradición.»

—Mateo 15. 3,6

Timoteo nos dice que opera en ignorancia e incredulidad. También era injuriador y blasfemo (vale la pena mencionar que es imposible blasfemar sin antes tener conocimiento bíblico o religioso). El verso 9 del capítulo 26 de Hechos dice:

«Yo ciertamente había creído mi deber hacer muchas cosas en contra el nombre de Jesús de Nazaret.»

Este hombre perseguidor del hombre celestial continuó su persecución teniendo permiso del liderazgo de su iglesia hasta que la Luz lo tumbó de su caballo. Una vez más vemos que este espíritu solo opera en tinieblas, nunca puede prevalecer donde fluye la luz de la verdad.

FINALMENTE...

En resumen de 1 Corintios 15.45-50, vemos que:

- Adán fue el primer hombre. (No hay una raza humana preadámica ni ningún hombre en Marte ni Plutón.)
- Cristo fue el último hombre. (Esto significa que Dios no tiene un plan más allá de su propósito en Cristo Jesús. Él es el Alfa y el Omega.)
- Adán fue el primer hombre, Cristo fue el segundo. (Sólo hay dos hombres en la tierra.)
- Estos dos hombres, el terrenal y el espiritual, son hombres corporales. (Dos cuerpos multimiembros, que se reproducen según su especie.)
- El cuerpo corporal (los hijos del primer Adán) son participantes de su naturaleza e imagen, producen sus obras y comparten su herencia. Lo mismo es cierto del cuerpo corporal o hijos del último Adán. Si bien participamos de la naturaleza del primero, ahora tenemos la comisión de manifestar la imagen del último.
- El primero fue alma viviente (dominado por su voluntad, su mente y sus emociones). El último fue espíritu vivificante, (dominado por la fe, el Espíritu Santo y la voluntad de Dios). El uno sujeto a muerte por su pecado, el otro con la muerte bajo sus pies, venciendo toda tentación.
- El primero no hereda el reino de Dios. El último reinará en su reino por siempre.

Capítulo 7

Dos mujeres en contraste

LA BIBLIA TAMBIÉN IDENTIFICA al cuerpo de Cristo y al cuerpo opuesto a Cristo a través de dos mujeres. (Recuerda que Anticristo significa «opuesto a», o «en lugar de».)

LA VERDADERA Y LA EXTRAÑA

En el libro de Proverbios, capítulo 2, la sabiduría es comparada con la mujer sabia y prudente:

> *«Haciendo estar atento tu oído a la sabiduría, si inclinares tu corazón a la prudencia, si clamares a la inteligencia, y a la prudencia dieres tu voz; si como a la plata la buscares, y la escudriñares como a tesoros, entonces entenderás el temor de Jehová, y hallarás el conocimiento de Dios.»*
>
> —*PROVERBIOS* 2.2-5

Estos versos nos enseñan el fruto de la verdadera mujer (Iglesia). Observe los versos 11 y 12:

> *«La discreción te guardará; te preservará la inteligencia, para librarte del mal camino.»*

Note cómo solo la verdad lo libra de lo falso. El capítulo 7 nos ayuda a entender esta comparación:

> *«Dí a la sabiduría: Tú eres mi hermana, y a la inteligencia llama parienta; para que te guarden de la mujer ajena, y de la extraña que ablanda sus palabras.»*
>
> —*Proverbios 7.4-5*

Ahora tenemos más claridad en el tema. Note conmigo la relación que es aconsejada: hermana y parienta. Gálatas 4.26 la llama «la Jerusalén de arriba, la cual es madre de todos nosotros», y que produce libertad. El proverbio nos dice que el pacto con la mujer sabia nos guarda de la mujer extraña y ajena. Dice que esta mujer cambia su mensaje por uno que no es tan fuerte. Sus palabras son blandas. Vuelva al capítulo 2.13-17:

> *«Que dejan los caminos derechos, para andar por sendas tenebrosas; que se alegran haciendo el mal, que se huelgan en las perversidades del vicio; cuyas veredas son torcidas, y torcidos sus caminos. Serás librado de la mujer extraña, de la ajena que halaga con sus palabras, la cual abandona al compañero de su juventud, y se olvida del pacto de su Dios.»*

Examinemos estos versos en busca de características de esta otra mujer. El verso 13 dice que deja el propósito de Dios para andar en caminos sin luz. El verso 14 afirma que se gozan en hacer el mal. La palabra «mal» en hebreo es la palabra *ra*, y significa «tornar algo bueno en malo», de calidad inferior de pensamiento; en resumen habla de una actitud interna negativa. El verso 15 nos dice que yerran en su dirección. El verso 16 expresa que esta mujer extraña (Babilonia) halaga con su mensaje. Aquí vemos un énfasis desmedido en la estima personal y el egocentrismo en su mensaje. Finalmente, el verso 17 indica que no guarda el pacto ni con Dios ni con su novio.

LA CAUSA DEL ENGAÑO

Estudiemos más a fondo Proverbios 7.6 y los versículos subsiguientes:

> *«Porque mirando yo por la ventana de mi casa, por mí celosía, vi entre los simples, consideré entre los jóvenes, a un joven falto de entendimiento, el cual pasaba por la calle, junto a la esquina, e iba camino a la casa de ella [la mujer extraña], a la tarde del día, cuando ya oscurecía, en la oscuridad y tinieblas de la noche.»*

Aquí podemos apreciar cómo ocurre el engaño de este espíritu que opera en contra de la verdadera mujer o en este caso tomando su lugar. Primeramente note que el engañado es considerado simple, ignorante y falto de entendimiento. Recuerde que este espíritu sólo opera en tinieblas y reina en la ignorancia. El tiempo señalado es a la tarde del día. Este tiempo nos traslada al presente. En la parábola de los obreros de la viña, en el Evangelio según Mateo, a los obreros de la undécima hora les tocó segar lo que no habían sembrado. Los segadores salen al atardecer del día de Dios. También podemos ver en estos versos que habla de la condición espiritual del joven. El verso 9 indica esta condición como oscuridad y noche.

LA NOCHE Y EL DÍA

Vayamos por un momento al Nuevo Testamento.

> *«Porque todos vosotros sois hijos de luz e hijos del día; no somos de la noche ni de las tinieblas. Por tanto, no durmamos como los demás, sino velemos y seamos sobrios. Pues los que duermen, de noche duermen, y los que se embriagan, de noche se embriagan.»*
>
> 1 TESALONICENSES 5.5-7

Aquí Pablo no está hablando del sueño natural, tampoco de luz o tinieblas naturales, ni de un día de veinticuatro horas. La oscuridad es espiritual, así como el sueño es la separación de la luz de Dios que causa, en este caso, pérdida. Jesús nos dijo:

> *«¿No tiene el día doce horas? El que anda de día no tropieza, porque ve la luz de este mundo; [también dijo que Él era la luz del mundo]; pero el que anda de noche, tropieza, porque no hay luz en él.»*
>
> *—JUAN 11.9,10*

De manera que hay hijos del día e hijos de la noche. Y aun otra confirmación cuando Cristo dice lo siguiente:

> *«Me es necesario hacer las obras del que me envió, entre tanto que el día dura; la noche viene, cuando nadie puede trabajar. Entre tanto que estoy en el mundo, luz soy del mundo. Dicho esto, escupió en tierra, e hizo lodo con la saliva, y untó con el lodo los ojos del ciego.»*
>
> *—JUAN 9.4-6*

Esto es figurativo. Mientras Él esté en el mundo provee la luz para el mundo. Pero sin esta luz, nos llega la noche y la fuerza de ningún hombre será suficiente para hacer la obra de Dios en medio de esta condición.

Luego, de su boca sale el agua de la Palabra de Vida (la saliva), y la imparte en tierra (la naturaleza adámica). Entonces vemos que el ciego pasa de las tinieblas a la luz, de la oscuridad al día, su visión fue restaurada.

CARACTERÍSTICAS DE LA RAMERA

Volvamos ahora al proverbio de nuestro texto para discernir las dos mujeres más a fondo.

> *«Cuando he aquí, una mujer le sale al encuentro, con atavío de ramera y astuta de corazón. Alborotadora y rencillosa, sus pies no pueden estar en casa ... Sacrificios de paz había prometido, hoy he pagado mis votos ... Ven embriaguémonos de amores hasta la mañana; alegrémonos en amores. Porque el marido no está en casa; se ha ido a un largo viaje ... Lo rindió con la suavidad de sus muchas valabras, le obligó con la zalamería de sus labios.»*
>
> —*Proverbios 7.10,11,14,18,19,21*

Ahora tenemos la revelación completa de esta mujer extraña. El verso 10 la define como la ramera que opera con astucia. Se manifiesta en rencillas y alborotos (v. 11). Cualquiera con sinceridad puede reconocer estas características en sistemas religiosos. El engaño proviene de adentro; note que el verso 14 dice que trae consigo sacrificios de paz, y rinde tributo a sus votos. Note que su actividad tiene que ver con el culto y servicio a Dios. El verso 18 es clave al decir que durante la ausencia del marido (Cristo) se embriaga de amores. Vea Apocalipsis:

> *«Ven acá, y te mostraré la sentencia contra la gran ramera, la que está sentada sobre muchas aguas; con la cual han fornicado los reyes de la tierra, y los moradores de la tierra se han embriagado con el vino de su fornicación.»*
>
> —*APOCALIPSIS* 17.1,2

> *«Porque a muchos ha hecho caer heridos, Y aun los más fuertes [reyes o poderosos, cuernos] han sido muertos por ella.»*
>
> —*PROVERBIOS* 7.26

El verso 21 nos dice que con elogio y suavidad de mensaje, condujo a este joven al degolladero espiritual; un mensaje sin desafío y con demasiado énfasis en el alivio personal del creyente. Suavidad y elogio es la característica del mensaje de esta mujer extraña, que nos dirige hacia el degolladero espiritual. Dos mujeres en el molino; diez vírgenes, unas prudentes y otras insensatas. Dos mujeres se acercan a Salomón con un problema. La una tiene fruto muerto y pide división. La otra reconoce que nada muerto le pertenece y prefiere ceder antes que causar una división. Salomón discierne con la espada de Hebreos 4.12, y 1 Reyes 3.16-28. Una y otra vez la Biblia nos muestra una guerra continua entre los dos cuerpos multimiembros de Dios. El engaño consiste en creer que nuestro enemigo es el mundo. El mundo fue la razón por la cual Dios envió a su Hijo (Juan 3.16); es nuestra herencia (Romanos 4.13; Gálatas 3.29). El mundo se identifica plenamente y no niega su posición. El homosexual dice y defiende serlo; el terrorista pide entrevistas públicas; el ateo discute que no hay Dios; los maestros seculares defienden la teoría de la evolución. Los gobiernos y sus funcionarios son cada vez más descarados en sus mensajes políticos ante el pueblo. No, señor; el mundo está plenamente identificado. Es la cizaña la que se confunde con el trigo, son los lobos que se disfrazan de ovejas, y son los ángeles de luz los que tenemos que discernir.

La verdad es que las puertas del Hades no prevalecerán contra la verdadera Iglesia fundada sobre la roca. No se maravillen de que este espíritu opere desde adentro. Juan nos dijo que salió de nosotros pero que no era de nosotros (1 Juan 2.19). El trigo y la cizaña conviven en el mismo campo por un tiempo. Caín y Abel vivieron juntos por un tiempo. Ismael y Isaac vivieron juntos por un tiempo.

¿Y quién fue el que mató a Caín? ¿No fue su propio hermano; hijo del mismo padre? ¿Y quién fue el que descubrió la desnudez de Noé? ¿No fue Cam, su propio hijo? ¿Y quién fue el que intentó usurpar el reino de David? ¿No fue Absalón, su propio hijo, aquél que conocía sus debilidades? ¿Y quién fue que entregó a Jesús? ¿No fue Judas, su compañero de ministerio? ¿Quién mató a Cristo? ¿Los romanos? ¿Los inicuos? ¡No, señor! Fueron los judíos, su propia nación. Como puede ver, no es raro —es hasta común— que la oposición venga desde adentro. El que tiene oídos para oír, que oiga.

EL HOMBRE EN LA FIESTA DE BODAS

Muchos piensan que vivir en la gracia es vivir sin la ley. La verdad es que la libertad sin ley no existe.

Santiago la llama la perfecta ley de libertad (Santiago 1.25). La gracia es vivir en un compromiso voluntario y no compulsorio. Es cumplir los requisitos en la ley del amor. Es servir a Dios más allá de una obligación. Es hora de demostrar un verdadero pacto con Dios.

Solo así tendríamos el discernimiento que se requiere para desenmascarar el espíritu del Anticristo que hoy opera en nuestro medio. Observe la siguiente parábola:

> *«Entonces dijo a sus siervos: Las bodas a la verdad están preparadas; mas los que fueron convidados no eran dignos. Id, pues, a las salidas de los caminos, y llamad a las bodas a cuantos halléis. Y saliendo los siervos por los caminos, juntaron a todos los que hallaron, juntamente malos y buenos; y las bodas fueron llenas de convidados. Y entró el rey para ver a los convidados, y vio allí a un hombre que no estaba vestido de boda. Y le dijo: Amigo, ¿cómo entraste aquí, sin estar vestido de boda? Mas él enmudeció. Entonces el rey dijo a los que le servían: Atadle de pies y manos, y echadle en las tinieblas de afuera; allí será el lloro y el crujir de dientes. Porque muchos son llamados, y pocos escogidos.»*
>
> —*MATEO 22.8-14*

En Mateo 13.47-50 la parábola de la red nos revela que la red ministerial arrastra peces buenos y malos; pero que hay una separación que ocurre en los tiempos finales.

En la parábola de las bodas vemos algo muy interesante. La boda está llena de gentes buenas y malas también. Pero cuando el rey llega a la boda, identifica la gente mala como a un solo multimiembro hombre, que no estaba vestido adecuadamente. ¿Sería que no tenía vestimentas blancas? No, es que es imposible entrar sin justicia. Esto representa un pueblo ya cubierto por la sangre de Cristo, la cual nos justifica delante de Dios. No hay otra forma de entrada.

Los mantos de la boda no son los vestidos blancos. Son los «mantos de pacto», ya que nunca hay boda sin primero haber un pacto. Los mantos del compromiso de la novia y el novio. El que no tiene pacto es identificado como la mujer infiel, tanto en lo natural como en lo espiritual. ¡Estaban adentro, pero el pacto nunca fue serio en sus vidas y al final fueron separados! Muchas mujeres (espirituales) pretenden ataviarse para el novio. Pero solo una Rut; solo una Ester; solo las cinco prudentes (los cinco ministerios de gobierno de Efesios 4.11); solo la mujer sabia será ataviada para el marido. Solo la verdad nos hace libres de la extraña.

El ataque de estos tiempos finales ha sido elevado a uno muy sutil, lleno de engaño, y requiere de un pueblo comprometido con la verdad en su Palabra. Es hora de levantar nuestras relaciones a un nivel de pacto. Una relación más comprometida que la confraternización de un convivio cristiano. Es hora de levantar un multimiembro hombre terrenal que se convierta en los pies, que cargue el cuerpo tras el velo de gloria que le pertenece a Él.

En la boda el hombre sin pacto fue atado de manos (ministerio), y de pies (actividades). Se acercan los días en que todo lo oculto será revelado. Y todo lo que no es de Dios caerá. Es tiempo de sinceridad delante de Dios. Es tiempo del levantamiento de una generación de eunucos que atavíen a la novia sin manosearla.

Un tiempo de integridad ante su palabra. Un tiempo de madurez. ¿Está dispuesto usted a pagar el precio para entrar en este nivel de pacto con el novio? Este es el nivel de compromiso que expondrá la manifestación de este espíritu malvado y mortal. Es este hombre, es esta mujer, este cuerpo multimiembro el que puede ataviarse para traer al Rey:

> *«Después de esto oí una gran voz de gran multitud en el cielo, que decía: ¡Aleluya! Salvación y honra y gloria y poder son del Señor Dios nuestro; porque sus juicios son verdaderos y justos; pues ha juzgado a la gran ramera que ha corrompido a la tierra con su fornicación [infidelidad], y ha vengado la sangre de sus siervos de la mano [su gobierno ministerial] de ella.*
>
> *»Otra vez dijeron: ¡Aleluya! Y el humo de ella sube por los siglos de los siglos. Y los veinticuatro ancianos y los cuatro seres vivientes se postraron en tierra y adoraron a Dios, que estaba sentado en el trono, y decían: ¡Amén! ¡Aleluya!*
>
> *»Y salió del trono una voz que decía: Alabad a nuestro Dios todos sus siervos, y los que le teméis, así pequeños como grandes. Y oí como la voz de una gran multitud, como de estruendo de muchas aguas, y como la voz de grandes truenos, que decía: ¡Aleluya, porque el Señor nuestro Dios todopoderoso reina! Gocémonos y alegrémonos y démosle gloria; porque han llegado las bodas del Cordero, y su esposa se ha preparado.»*
>
> —*APOCALIPSIS* 19.1-7

Visión-Red

Voz en el Desierto Intl.

LEVANTAR
Una generación de creyentes que produzca reformas en el carácter, la imagen e integridad de la Iglesia ante las naciones.

ADIESTRAR
Líderes por medio del desarrollo y la implementación de centros proféticos, para producir una participación efectiva en el avance del Espíritu de Dios de manera global.

DESARROLLAR
Una mentalidad en la iglesia oriental por soluciones prácticas, para proveer dirección en medio de las crisis.

ESTABLECER
La familia como la unidad más poderosa en el Reino de Dios.

EXTENDER
Las relaciones con redes ministeriales alrededor del Globo, para fortalecer el avance del propósito en la unidad de la fe.